ÉTUDES ET DOCUMENTS SUR LA GUERRE

Comment l'Allemagne essaye de justifier ses crimes

par

JOSEPH BÉDIER
Professeur au Collège de France

Cette brochure est en vente à la

LIBRAIRIE ARMAND COLIN

103, Boulevard Saint-Michel, PARIS, 5e

au prix de 0 fr. 50

ÉTUDES ET DOCUMENTS SUR LA GUERRE

Comment l'Allemagne essaye de justifier ses crimes

ÉTUDES ET DOCUMENTS SUR LA GUERRE

Comment l'Allemagne essaye de justifier ses crimes

par

JOSEPH BÉDIER

Professeur au Collège de France

LIBRAIRIE ARMAND COLIN

103, Boulevard Saint-Michel, PARIS, 5e.

1915

(2e Édition.)

Comment l'Allemagne essaye de justifier ses crimes

Dans une brochure intitulée *Les Crimes allemands d'après des témoignages allemands,* j'ai publié des extraits d'une trentaine de carnets saisis sur des prisonniers. Les soldats allemands s'y peignent eux-mêmes ou y peignent leurs compagnons d'armes sous les traits d'incendiaires, de pillards et d'assassins, mais qui, à l'ordinaire, n'incendient, ne pillent et n'assassinent que par ordre et en service commandé.

Cette brochure, publiée dès le début de janvier, s'est spontanément répandue par les pays avec une extrême rapidité, à des milliers d'exemplaires; et tandis qu'elle courait le monde, la presse allemande gardait sur elle le silence le plus profond.

Enfin ce silence a été rompu. Le 28 février paraissait, dans l'officieuse *Gazette de l'Allemagne du Nord,* un article en sept colonnes, qui prétend être une réfutation de ma brochure. Presque aussitôt un radiotélégramme lancé par la Tour de Nauen signalait cet article, et le 24 mars un second radiotélégramme rappelait à la presse germanophile de tous pays sa consigne, qui est de se référer encore et toujours audit article. Et de fait, dans les pays les plus divers, des journaux sans nombre, des *tracts* imprimés en toutes les langues ne cessent de le reproduire ou de le résumer, de le gloser ou de le paraphraser; mais — par un trait remarquable de discipline — jamais ces journaux ni ces *tracts* ne se sont permis d'y rien ajouter. En sorte que la thèse justificative de l'Allemagne tient tout entière dans l'article de la *Gazette de l'Allemagne du Nord.*

Cette thèse, très simple, se réduit à dire que les pages de carnets par moi produites sont par elles-mêmes fort innocentes et ne sont ignobles que dans mes traductions en français, par l'effet de contre-sens trop habiles ou de citations trop ingénieusement tronquées.

Je doute que ce système de défense ait la moindre prise sur ceux de mes lecteurs qui savent l'allemand et qui peuvent comparer, pour chaque texte, la traduction à l'original; surtout, comment pourrait-il émouvoir, dans les pays où l'allemand est la langue dominante, ceux-là qui ont entre les mains non pas l'édition française de ma brochure, mais bien l'édition allemande, dans laquelle il va sans dire qu'il n'y a pas un seul mot de français ?

Il en va autrement des lecteurs qui ne savent pas l'allemand : c'est eux seuls, non sans quelque habileté, que vise la manœuvre. Si bien disposés en effet qu'ils puissent être à accueillir la vérité, ils n'ouvriront ma brochure qu'avec méfiance, si l'on a réussi à leur faire croire que les fac-similés que je leur propose sont des trompe-l'œil, et que je leur fais lire en français, ou que mes traducteurs leur font lire en italien, en espagnol, en suédois, etc., autre chose que ce que disent en leur langage les soldats allemands.

Heureusement, il est très facile de conjurer ce péril. J'adresse les pages que voici précisément à ceux de mes lecteurs qui savent mal l'allemand ou qui l'ignorent tout à fait. J'y relèverai toutes les critiques de la *Gazette de l'Allemagne du Nord* et les discuterai toutes. Chacun pourra voir de la sorte qu'il y avait dans ma première brochure (page 26) une phrase, une seule, où, par suite d'une erreur sur le sens d'un mot (*Granaten* rendu par « grenades incendiaires » alors qu'il s'agissait d' « obus »), j'avais à mon insu faussé un récit au détriment d'un corps de troupe allemand, et que, là, les pharisiens ont pu triompher ; — mais qu'ils ne peuvent triompher que là ; — que, partout ailleurs, les textes étant à l'ordinaire très simples et très faciles à entendre, l'incertitude n'a jamais porté et ne pourra jamais porter que sur l'interprétation de cinq à six bouts de phrase presque tous indifférents. Je mettrai en regard l'un de l'autre, pour ces cinq à six bouts de phrase, le sens par moi proposé et le sens proposé par la *Gazette de l'Allemagne du Nord*; et ceux de mes lecteurs qui ne savent pas un mot d'allemand resteront maîtres de préférer dans tous les cas l'interprétation de la *Gazette de l'Allemagne du Nord;* et même je leur conseille de la préférer dans tous les cas : il en apparaîtra d'autant plus clairement à leurs yeux que, de quelque façon que l'on aime mieux traduire ces quelques lignes, l'ignominie de leur contexte reste la même.

Mais ceux qui ont tenté cette chétive diversion seraient trop heureux si je me bornais ici à discuter leurs arguties grammaticales. Ils furent bien imprudents, en vérité, de s'essayer à regratter çà et là dans les textes de ma brochure un mot douteux au jugement : ne les avais-je pas avertis que j'aurais pu remplacer tous ces documents par autant d'autres documents équivalents, non moins odieux ? Puisqu'ils n'ont pas compris l'avertissement, je puiserai à nouveau dans le tas des carnets allemands. Chaque fois donc qu'ils auront osé, par quelque remarque de détail, contester la portée de l'un des textes par moi déjà mis en lumière, je commencerai par montrer l'insignifiance ou la fausseté de ladite remarque; puis, aussi souvent qu'il me plaira, je produirai un ou plusieurs textes nouveaux, où l'on verra d'autres soldats allemands raconter des crimes tout pareils avec le même cynisme.

Pour être sûr de bien interpréter ces textes nouveaux, j'ai prié deux de mes amis et collègues, Alsaciens l'un et l'autre, de les traduire indépendamment de moi. Ces textes sont si clairs que nos trois traductions, indépendantes entre elles, ont partout concordé pour le sens ; elles ne différaient que par des nuances d'expression, et, dans ces cas de divergences menues, nous avons pris comme règle de choisir toujours la traduction la plus atténuée, la plus favorable aux Allemands. Ces documents nouveaux provoqueront, je le sais et je le souhaite, de nouvelles critiques. Mais ce sera la fable du Serpent et de la Lime ; vainement on tâchera d'y mordre : *offendes solido.*

I

MASSACRE DANS UN VILLAGE PRÈS DE BLAMONT

J'ai donné dans ma précédente brochure (p. 7-8) l'extrait que voici d'un carnet allemand :

« Les habitants ont fui par le village. Ce fut horrible. Du sang est collé contre toutes les maisons; et quant aux visages des morts, ils étaient hideux. On les a enterrés tous aussitôt, au nombre de soixante. Parmi eux, beaucoup de vieilles femmes, des vieux et une femme enceinte, le tout horrible à voir, et trois enfants qui s'étaient serrés les uns contre les autres et sont morts ainsi. L'autel et les voûtes de l'église sont effondrés. C'est qu'on avait le téléphone avec l'ennemi. Et ce matin, 2 septembre, tous les habitants ont été expulsés, et j'ai vu quatre petits garçons emporter sur deux bâtons un berceau où était un enfant de cinq à six mois. Tout cela est affreux à regarder. Coup pour coup! Tonnerre contre tonnerre ! Tout est livré au pillage... (*Au verso* :) Et j'ai vu aussi une mère avec ses deux enfants: et l'un avait une grande blessure à la tête et un œil crevé[1]. »

1. « [DieEinwohner sind geflüchtet im Dorf. Da sa es] gräulich aus. Das Blut glebt an alle Baute, und was sa man für Gesichter, grässlich sa alles aus. Es wurde sofort sämtliche Tote, die Zahl 60, sofortbeerdigt. Fiele alte Frauen, Väter, und eine Frau, welche in Entbindung stand, grauenhaft alles anzusehen. 3 Kinder hatten sich zusammengefast und sind gestorbe. Altar und Decken sind eingestürtzt. Hätte auch Telefon-Verbindung mit dem Feind. Und heut morgen, den 2. 9., da wurden sämtliche Einwohner hinausgetrieben, so sah ich auch 4 Knaben, die eine Wiege trugen auf 2 Stabe mit einem kleinen Kinde 5-6 Monat alt. Schrecklich alles mitanzusehen. Schuss auf Schuss! Donner auf Donner! Alles wird geplündert... (*Au verso* :) Mutter mit ihren beiden Kinder, der eine hatte eine grosse Wunde am Kopf und ein Auge verloren. »

Que me reproche la *Gazette de l'Allemagne du Nord* dans la transcription et dans la traduction de ce passage? Rien. Rien que mes points de suspension après les mots « Tout est livré au pillage... », « Alles wird geplündert... ». Les quatre mots qui suivent sont difficiles à lire, comme chacun peut le constater sur le fac-similé ci-contre (*Fig. A*, dernière ligne); je n'avais pas réussi à les déchiffrer, et c'est tout ce que voulaient dire mes points de suspension. Mais la *Gazette de l'Allemagne du Nord*, qui a trouvé la vraie lecture (« Hü[h]ner alles ward abges[chlach]tet », « la volaille et le reste a été immolé »), estime que j'ai « escamoté cette fin de phrase, parce que j'aurais risqué de manifester le caractère innocent de ce pillage de poulets et de comestibles[1] ».

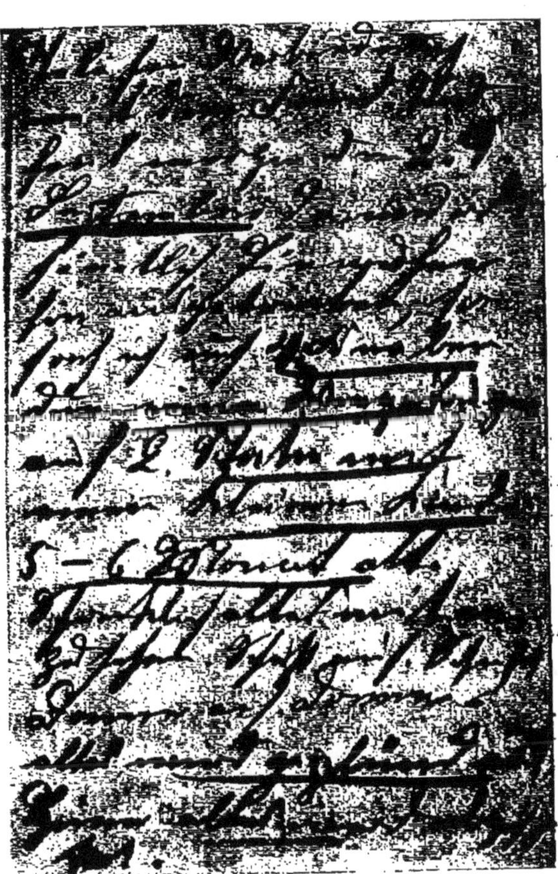

Fig. A.

1. « Bédier unterschlägt den Rest des Satzes, weil er den harmlosen Charakter dieser Hühner- und Esswaren- « Plünderung » offenbaren könnte. » (Article de la *Gazette*).

La *Gazette* a-t-elle par contre communiqué à ses lecteurs le passage entier? Leur a-t-elle montré les cadavres des vieilles femmes, des vieux massacrés, et le cadavre de la femme enceinte? Elle s'en est bien gardée : elle ne leur a montré que les poulets immolés.

Par ce premier exemple, chacun voit à plein la méthode. A propos de documents qui témoignent de crimes infâmes, soulever aussi souvent que possible quelque ridicule chicane philologique et passer les crimes sous silence : d'un bout à l'autre ce sera la même tactique. Pour en reconnaître le caractère de dissimulation humiliée — qui est par lui-même un aveu, — il n'est pas besoin, en vérité, de savoir l'allemand : du bon sens et de la bonne foi suffiront.

Mais puisque cette scène de « pillage de poulets et de comestibles » a semblé « innocente » à la *Gazette de l'Allemagne du Nord*, je soumettrai à son contrôle quatre autres récits de pillages, dont elle s'appliquera sans doute à mettre en relief le « caractère innocent » :

Carnet du brancardier Joseph Ott (33e division, XVIe Corps d'armée) (*Fig. B*) :

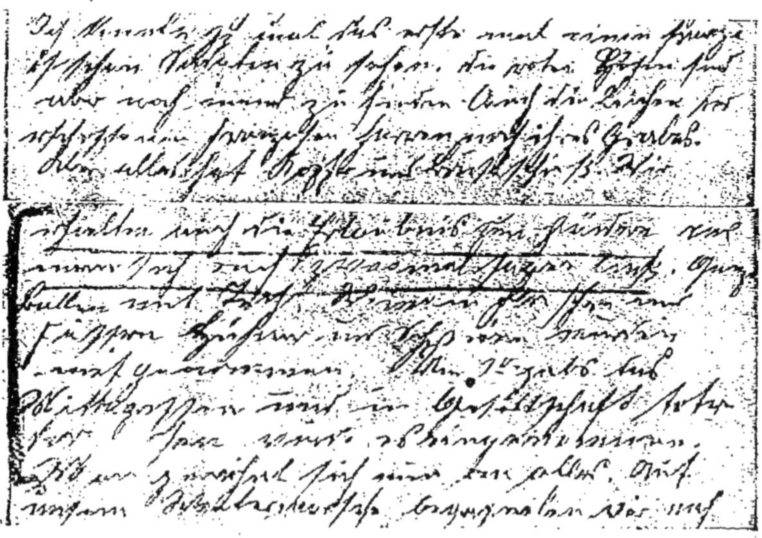

Fig. B.

« 23 août. Les cadavres des Français tués attendent encore leur sépulture. Ils ont tous été frappés à la tête ou à la poitrine. Nous avons reçu la permission de piller, ce que l'on ne s'est pas fait dire deux fois. Des ballots entiers de linge, du vin en bouteilles et en tonneaux, des poulets et des porcs furent enlevés. A une heure eut lieu le déjeuner, et c'est en la compagnie de Français morts qu'il fut pris. On s'habitue maintenant à tout[1]. »

Carnet du soldat H. Albers, du 78e régiment d'infanterie de réserve, Xe Corps de réserve (*Fig. C*) :

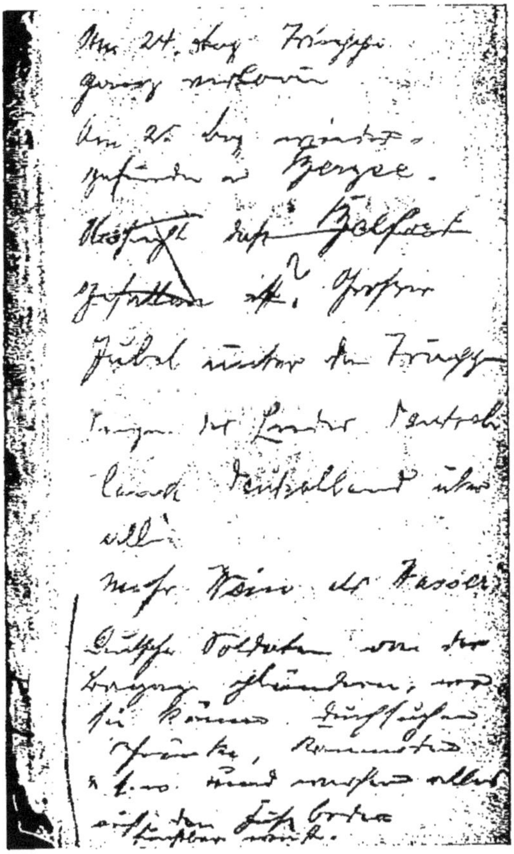

Fig. C.

« 25 août. A Berzée (au sud de Charleroi). Nouvelle de la chute de Belfort. Grand enthousiasme parmi les troupes. Elles chantent « *Deutschland, Deutschland über alles* ».

Plus de vin que d'eau. Des soldats allemands du train régi-

1. « I. Die Leichen der erschossenen Franzosen harren noch ihres Grabes. Aber alles hat Kopf- und Brustschuss. Wir erhielten auch die Erlaubnis zum plündern, was man sich nicht zweimal sagen liess. Ganze Ballen mit Tuch, Wein in Flaschen und Fässern, Hühner und Schweine wurden mitgenommen. Um 1u gabs das Mittagessen und in Gesellschaft toter Franzosen wurde es eingenommen. Man gewöhnt sich nu an alles. »

mentaire pillent où ils peuvent. Ils fouillent armoires, commodes, etc., et jettent tout sur le sol. Terriblement sauvage. Je n'ai jamais pris part à de tels actes[1]. »

Carnet du sous-officier Burkhardt, du 100e régiment de grenadiers de réserve, XIIe Corps de réserve :

« 30 août. Près Rumigny (Ardennes). D'un dépôt du train, gardé par un officier-payeur et deux hommes, nous touchons des vivres de conserve. Le lieutenant Otto laisse encore quelques hommes à l'arrière pour nous couvrir. Nous soumettons la cave à une révision et nous trouvons toutes sortes de bonnes choses. Les admirables chambres du château offrent un spectacle affreux. On a fouillé pour trouver l'or et l'argent et l'on a tout bouleversé. Il est très pénible de se remettre en marche après s'être copieusement alcoolisé. J'ai par-dessus le marché un cruchon de chartreuse dans mon sac[2]. »

Carnet du soldat M. Rothe, du 13e régiment d'infanterie (1er de Westphalie), Herwarth von Bittenfeld, VIIe Corps d'armée :

« 23 août. A quatre heures du matin, réveil. Marche sur Péronne (Belgique). Bonne réception. Volé dans les maisons. A midi, départ[3]. »

1. (A Berzée). « 25. Aug. — Nachricht dass Belfort gefallen ist. Grosser Jubel unter den Truppen. Singen des Liedes « *Deutschland, Deutschland über alles*. »

Mehr Wein als Wasser. Deutsche Soldaten von der Bagage plündern, wo sie können. Durchsuchen Schränke, Kommoden u. s. w. und werfen alles auf den Fussboden. Furchtbar wüst. (*A la page suivante*) : Ich habe mich niemals daran beteiligt. »

2. « Bei einem Traindepot, das von einem Zahlmeister und 2 Mann bewacht wird, fassen wir Konserven. Lt. Otto lässt noch einige Leute zur Bedeckung zurück. Wir unterziehen den Weinkeller einer Revision und finden allerlei gute Sachen. Die wunderbaren Räume des Schlosses sehen grauenhaft aus. Man hat nach Gold und Silber gesucht, und alles durcheinander geworfen. Der Weitermarsch ist nach der reichlich genossenen Alkoholizis sehr sauer. Ich habe zudem eine Steinbulle Chatreuse (*sic*) im Tornister. »

3. « 23. Aug. Früh 4 Uhr Wecken. Marsch nach Peronne. Gute Verpflegung. In den Häusern geräubert. Mittags Abmarsch. »

II

L'AFFAIRE DE SCHAFFEN

De la page ci-dessous (*Fig. D*), prise au carnet du lieutenant Kietzmann, je n'avais transcrit et traduit dans ma première brochure que cinq lignes :

« Un peu en avant de Diest se trouve le village de Schaffen. Cinquante civils environ s'étaient cachés dans la tour de l'église,

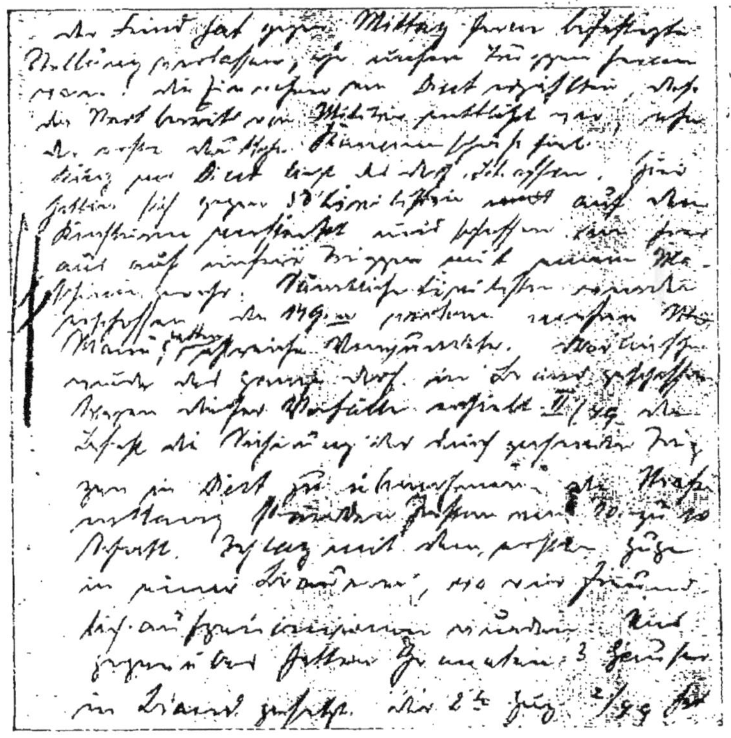

Fig. D.

et de là-haut tiraient sur nos troupes avec une mitrailleuse. Tous les civils ont été fusillés[1]. »

La *Gazette de l'Allemagne du Nord* demande que je transcrive et traduise les huit lignes qui viennent après. Les voici donc :

« Tous les civils ont été fusillés. Le 1er bataillon du 49e a eu plusieurs tués et de nombreux blessés. Là-dessus tout le village a été incendié à coups de canon. A cause de ces faits, le 2e bataillon du 49e reçut la mission de veiller dans Diest à la sécurité des troupes de passage. Le long des rues furent postées des sentinelles de dix en dix pas[2]. »

Je laisse au lecteur le soin de rechercher en quoi ces lignes peuvent relever l'honneur des troupes allemandes et les disculper d'avoir en cette journée du 18 août, dans ce village de Schaffen, comme nous l'apprend le *Premier Rapport de la Commission d'enquête belge* (p. 3), fusillé « l'épouse François Luyckz, avec sa fille de douze ans », et fusillé « la fille du nommé Jean Ooyen, âgée de neuf ans », et « brûlé vit le nommé André Willem, sacristain ».

Simples épisodes, dira-t-on, de ce que les Allemands appellent « la guerre contre les Franktireurs ». Assurément. En ce pays de Belgique que l'Allemagne avait juré de respecter et au besoin de défendre et qu'elle martyrise, de tels épisodes foisonnent. En voici deux de plus, que je soumets au contrôle de la *Gazette de l'Allemagne du Nord*. J'emprunte le premier au carnet, écrit en sténographie, du soldat G. M. Missbach, du 13e bataillon de chasseurs de ré-

1. « Kurz von Diest liegt das Dorf Schaffen. Hier hatten sich gegen 50 Civilisten auf dem Kirchturm versteckt und schossen von hier aus auf unsere Truppen mit einem Maschinengewehr. Sämtliche Civilisten wurden erschossen. »

2. « Sämtliche Civilisten wurden erschossen. Die 1/49er verloren mehrere Mannschaften, zahlreiche Verwundete. Daraufhin wurde das ganze Dorf in Brand geschossen. Wegen dieser Vorfälle erhielt II/49 den Befehl, die Sicherung der durchziehenden Truppen in Diest zu übernehmen. Die Strasse entlang standen Posten von 10 zu 10 Schritt. »

serve (XIIe Corps de réserve) (*Fig. E*) :

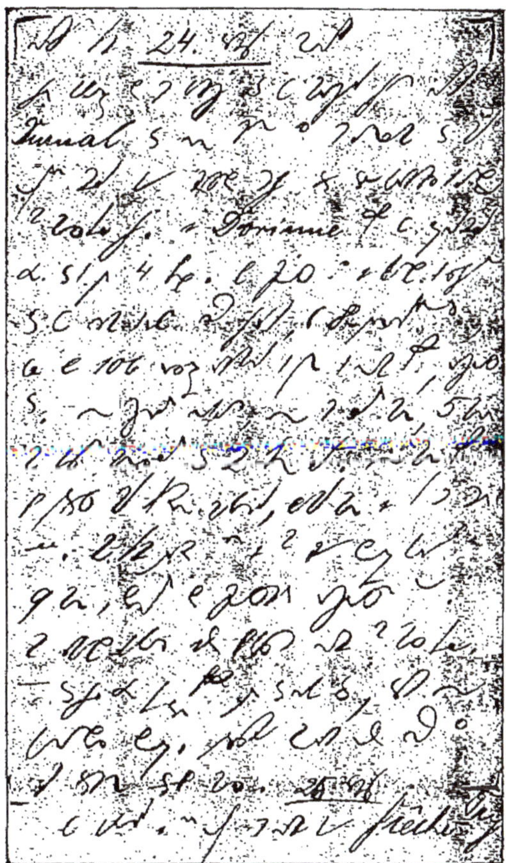

Fig. E.

« A Sorinne (Belgique, le 23 août), nous avons eu un arrêt de quatre heures environ. Le château avait été incendié et nous arrivâmes encore à temps pour voir fusiller huit francs-tireurs que le 106e régiment de réserve avait pris. Spectacle affreux. Un homme tout à fait vieux, cinq hommes en pleine force de l'âge et deux jeunes gens. L'un de ces hommes avait les pieds enveloppés de linges, pour qu'on ne l'entendît pas. La veille déjà dans le même village, neuf hommes, dont le propriétaire du château, avaient été fusillés. Le soir, bivouaqué avec le reste de la division auprès de la vallée de la Meuse. Devant nous et autour de nous, des feux sans nombre, et un village en flammes [1]. »

1. « In Sorinne hatten wir Aufenthalt von ungefähr 4 Stunden. Das Schloss war in Brand gesetzt worden, und wir kamen gerade noch zurecht, wie 8 Franctireurs, welche das 106. Reserve Reg. gefangen genommen hatte, erschossen wurden. Ein schrecklicher Anblick. Ein ganz alter Mann, 5 Männer im besten Mannesalter, und 2 junge Leute. Ein Mann hatte die Füsse mit Tüchern umwickelt, damit man ihn nicht habe hören sollen. Am Tage vorher waren in dem gleichen Dorfe bereits 9 Mann, darunter der Schlossherr, erschossen worden. Am Abend Bivuak in der Division nahe dem Maastale. Eine Unzahl von Feuerstätten vor und neben uns, auch ein brennendes Dorf. »

J'emprunte cet autre épisode au carnet du lieutenant von Jonquières, du 3e régiment de grenadiers de la garde (Reine Elisabeth) (*Fig. F*) :

« Fosse (sud-ouest de Namur), 23 août. Avancé avec ma section dans le village, comme flanc garde de droite. D'une

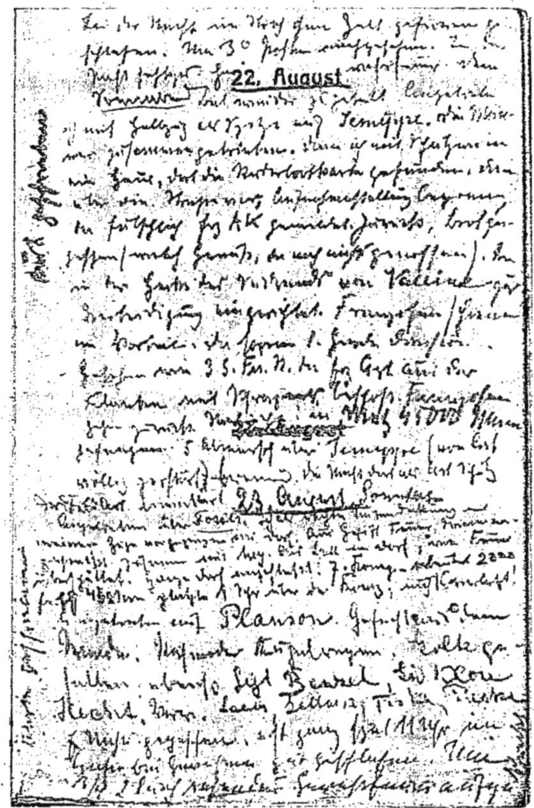
22. August

23. August

Fig. F.

ferme, coups de feu ; alors incendié, avec Mey. Quand bataillon dans le village, pluie de balles sur lui. Le village entier incendié. La septième compagnie fait 2.000 francs de butin »[1].

1. « Ich als rechte Seitendeckung mit meinem Zuge vorgegangen ins Dorf. Aus Gehöft Feuer, dann angesteckt, zusammen mit Mey. Als Bataillon im Dorf, von Feuer überschüttet. Ganze Dorf angesteckt. 7. Komp. erbeutet 2.000 fr. »

III

MASSACRE DANS UN VILLAGE AU NORD DE DINANT

D'après le carnet du soldat Philipp (du 178e régiment saxon d'infanterie), j'avais publié la page que voici (*Fig. G*, p. 18) :

« Le soir, à dix heures, le premier bataillon descendit dans le village incendié au nord de Dinant. Spectacle tristement beau, à donner le frisson. A l'entrée du village gisaient environ cinquante civils, fusillés pour avoir, par guet-apens, tiré sur nos troupes. Au cours de la nuit, beaucoup d'autres furent pareillement fusillés, si bien que nous en pûmes compter plus de deux cents. Des femmes et des enfants, la lampe à la main, furent contraints à assister à l'horrible spectacle (*Frauen und Kinder, die Lampe in der Hand, mussten dem entsetzlichen Schauspiele zusehen*). Nous mangeâmes ensuite notre riz au milieu des cadavres, car nous n'avions rien mangé depuis le matin [1]. »

A ma transcription, à ma traduction de ce passage, la *Gazette de l'Allemagne du Nord* n'a trouvé qu'une chose à reprendre, et c'est que, dans la phrase où il est dit que des femmes et des enfants, la lampe à la main, regardent, j'ai rendu *mussten* par *furent contraints à*, et non par *durent*, comme si le texte, dit la *Gazette*, avait porté « wurden gezwungen bei dem entsetzlichen Schauspiele zu assistieren ».

Il y a en effet deux façons, et deux seulement,de se représenter les faits : ou bien ces malheureux ont été *contraints* par les soldats allemands à rester, leurs lampes à la main, ou bien ils sont venus et restés de leur plein gré, parce qu'il leur *fallait bien* tâcher d'identifier dans l'obscurité de la nuit les cadavres de leurs pères ou de leurs maris, ou

1. « Gleich am Eingange lagen ca. 50 erschossene Bürger, die meuchlings auf unsre Truppen gefeuert hatten. Im Laufe der Nacht wurden noch viele erschossen, sodass wir über 200 zählen konnten. Frauen und Kinder, die Lampe in der Hand, mussten dem entsetzlichen Schauspiele zusehen. Wir assen dann immitten der Leichen unsern Reis, seit Morgen hatten wir nichts gegessen. »

pour tout autre motif de nécessité morale. Entre ces deux interprétations, qui me semblent offrir deux images également hideuses, le lecteur choisira. Mais, quand

Fig. G.

la *Gazette de l'Allemagne du Nord*, qui préfère la seconde interprétation, allègue à l'appui de son choix le fait que *müssen* ne saurait exprimer l'idée de « contrainte », elle allègue un fait inexact. Je n'en veux pour preuve que cette phrase d'un autre carnet allemand (voir page 22, *Fig. J*) : « Aus der Stadt wurden 300 erschossen; die die Salve überlebten *mussten* Totengräber sein ». « Des habitants de la ville on en fusilla trois cents; ceux qui survécurent au feu de salve *durent* servir de fossoyeurs. » Dira-t-on que dans cette phrase *müssen* ou *devoir* n'exprime qu'une simple nécessité morale et que les hommes qui s'employèrent ce jour-là à l'office de fossoyeurs le firent de leur plein gré ?

Usant d'un droit universellement reconnu, je n'ai à l'ordinaire transcrit et traduit, des pages données en fac-similé dans ma brochure, que les passages qui me semblaient essentiels, laissant de côté ce qui me semblait indifférent. On a vu déjà, on verra encore plus loin la *Gazette de l'Allemagne du Nord* me reprocher le procédé, s'attacher aux lignes par moi négligées, y chercher passionnément (et vainement) des excuses aux crimes avoués dans le reste de la page. Exceptionnellement, pour la page que reproduit le fac-similé G, elle ne me reproche rien de pareil, et pourtant j'ai négligé, ici comme ailleurs, de tout transcrire et traduire. Serait-ce donc qu'ici du moins les lignes négligées sont de la dernière insignifiance ? Les voici :

« Beim Durchsuchen der Häuser fanden wir viel Wein und Likor, aber keine Lebensmittel. (*Puis, en signes sténographiques*)[1] : Hauptmann Hamann war betrunken. »

C'est-à-dire :

« En fouillant les maisons, nous trouvâmes beaucoup de vin et de spiritueux, mais pas de comestibles. (*Puis, en signes sténographiques*) : Le capitaine Hamann était ivre. »

1. Cette sténographie (« système Gabelsberger ») a été déchiffrée par M. S. Jarris, sténographe du Parlement danois, qui a publié à ce propos un article dans le journal *Politiken*, du 15 mars 1915.

L'horrible récit du massacre nocturne, le soldat n'a pas hésité à l'écrire en clair ; mais qu'un officier se soit enivré, voilà ce qu'il n'ose noter qu'en écriture secrète.

IV

MASSACRES DE FEMMES

Dans ma précédente brochure (p. 16) je cite un carnet où on lit que, dans une seule maison d'un village lorrain, « deux hommes avec leurs femmes et une jeune fille de dix-huit ans furent passés à la baïonnette (*wurden erstochen*) », et plus loin (p. 17) je cite un autre carnet où on lit « qu'à Orchies une femme fut passée par les armes (*wurde erschossen*) pour n'avoir pas obéi au commandement de *halte* ». J'ai donné à deviner à plusieurs amis ce que la *Gazette* pouvait me reprocher ici : pas un n'est tombé juste. Or, le reproche de la *Gazette* est que « passer à la baïonnette » signifie « hinrichten durch das Bayonett » (exécuter légalement à l'arme blanche), et que « passer par les armes » signifie « mit der Waffe hinrichten » (exécuter légalement par les armes). Mais quiconque sait le français sait aussi que « *être passé à la baïonnette, au fil de l'épée, par les armes* », etc., signifie « périr par la baïonnette, par l'épée, par les armes », etc., et qu'à aucune époque de la langue de telles expressions n'ont contenu ni pu contenir l'idée de « jugement ». La surprenante erreur du critique berlinois vient probablement de ce qu'il aura consulté quelque dictionnaire français-allemand, lequel glosait non pas l'expression « *être passé* par les armes », mais bien l'expression « *faire passer* par les armes ».

L'un des épisodes en question est narré par l'auteur du carnet en ces termes :

« [So haben wir 8 Häuser mit den Einwohnern vernichtet. Aus einem Hause wurden allein] 2 Männer mit ihren Frauen und ein 18jähriges Mädchen erstochen. Das Mädel konnte mir leid tun, den[n] sie machte solch unschuldigen Blick, aber man konnte gegen die aufgeregte Menge nicht[s] ausrichten, denn dann sind es keine Menschen, sonder[n] Tiere. »

Ce qui signifie, me semble-t-il :

« C'est de la sorte que nous avons détruit huit maisons avec leurs habitants. Dans une seule d'entre elles furent passés à la baïonnette deux hommes avec leurs femmes et une jeune fille de dix-huit ans. La petite a failli m'attendrir, son regard était si plein d'innocence! Mais on ne pouvait plus maîtriser la bande (*Menge*) excitée, car en de tels moments, on n'est plus des hommes, on est des bêtes. »

La *Gazette de l'Allemagne du Nord* soutient que *Menge* désigne non pas les soldats allemands, mais leurs adversaires, les habitants du bourg.

J'ai consulté une dizaine de personnes sachant l'allemand par droit de naissance (Alsaciens, Suisses allemands, Allemandes mariées à des Français). Je leur ai soumis non pas les deux interprétations proposées, mais simplement le texte allemand, en leur demandant de le traduire à leur idée : sept ont spontanément traduit comme moi ; puis, informées de l'autre interprétation, ou bien ont hésité, ou bien ont persisté dans la leur, en alléguant notamment que *Menge* (*foule, multitude*) se dirait fort bien d'une foule d'émeute, en temps de grève, par exemple, mais fort mal de quelques hommes dispersés dans quelques maisons et qui font le coup de feu par les fenêtres. Quoi qu'il en soit, que l'auteur du carnet ait voulu excuser ses compagnons d'armes par la nécessité de maîtriser des adversaires plus semblables à des bêtes qu'à des hommes, — ou qu'il ait voulu les excuser par la bestialité qui se développe presque nécessairement dans tout combat à l'arme blanche, — les deux excuses, recevables d'ailleurs l'une et l'autre à titre d'atténuation, s'équivalent, et le fait reste : et c'est que ce jour-là, dans une seule maison, des baïonnettes allemandes ont transpercé deux femmes et une petite de dix-huit ans, qui était l'image de l' « innocence ».

Nombreuses d'ailleurs sont les scènes où l'une et l'autre

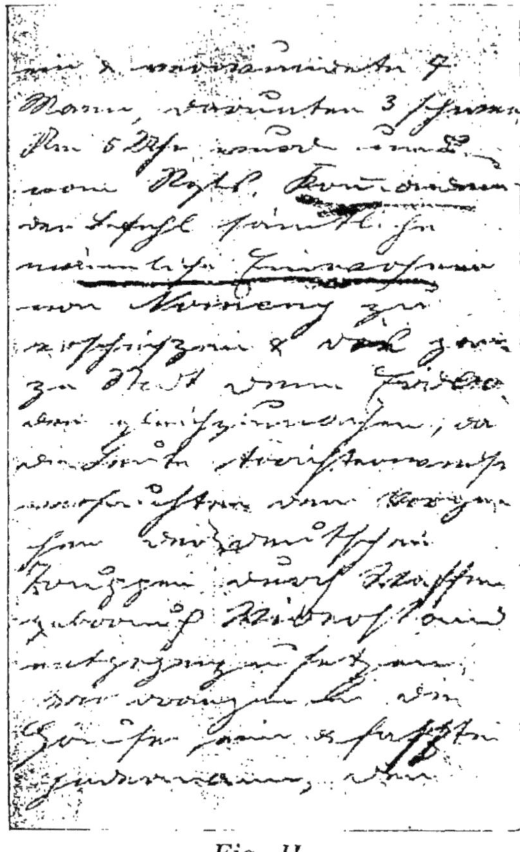

Fig. H.

excuses manquent, où les mêmes forfaits furent exécutés froidement, par ordre. J'offre au contrôle de la *Gazette de l'Allemagne du Nord* ce document nouveau, l'un des plus abominables que je connaisse, pris au carnet du soldat Fischer (du 8e régiment bavarois d'infanterie, 33e division de réserve) (*Fig. H et I*) :

« Un obus éclata près de la 11e compagnie et blessa sept hommes, dont trois grièvement. A cinq heures nous fut (communiqué ?) l'ordre de l'officier commandant le régiment de fusiller tous les habitants mâles de Nomény et de raser jusqu'au sol la ville entière, parce que les gens essayaient follement de s'opposer les armes à la main à la marche en avant des troupes allemandes[1]. Nous avons foncé dans les maisons et saisi tous ceux qui résistaient, pour les exécuter selon la loi martiale. Les maisons que l'artillerie française ou la nôtre n'avaient pas encore mises en flammes furent incendiées par nous et de la sorte presque toute la ville fut réduite en cendres. C'est une chose terrible que de voir les femmes et les enfants

1. Dans les pages précédentes du carnet il n'y a nulle mention d'attaques de civils.

sans défense, désormais dénués de tout, chassés comme un troupeau pour être refoulés en France[1].»

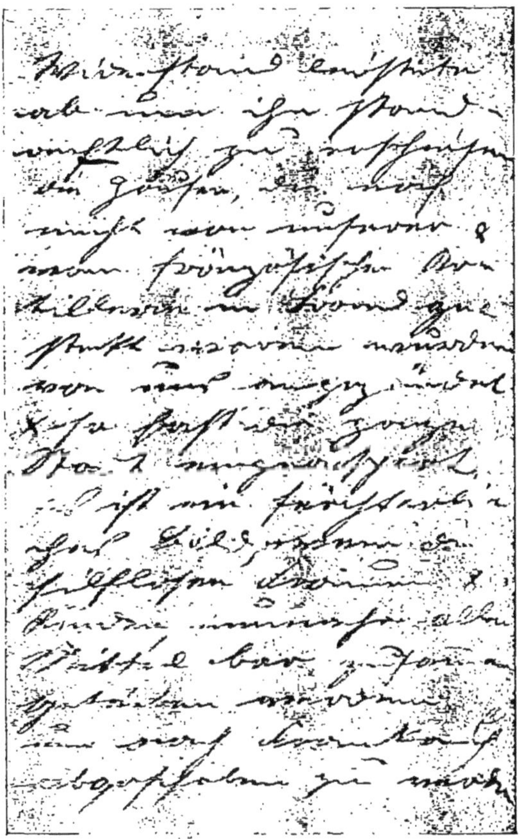

V

TROIS CENTS CIVILS FUSILLÉS

En produisant dans ma brochure (p. 18) une page prise au carnet du réserviste Schlauter (du 4e régiment d'artillerie de la Garde), je n'en avais transcrit et traduit que les treize premières lignes (*Fig. J*, p. 24). La *Gazette de l'Allemagne du Nord*, qui, pour des raisons que je laisse au lecteur

Fig. I.

1. [« Eine Granate schlug in der Nähe der 11. Kompagnie] ein und verwundete 7 Mann, darunter 3 schwer. Um 5 Uhr wurde uns von Rgts. Kommandeur der Befehl (erteilt? *le mot a été omis*) sämmtliche männliche Einwohner von Nomeny zu erschiessen und die ganze Stadt dem Erdboden gleichzumachen, da die Leute törichterweise versuchten dem Vorgehen der deutschen Truppen durch Waffengebrauch Widerstand entgegenzusetzen. Wir drangen in die Häuser ein und fassten jedermann, der Widerstand leistete, ab, um ihn standrechtlich zu erschiessen. Die Häuser, die noch nicht von unserer und von der französischen Artillerie in Brand gesteckt waren, wurden von uns angezündet, und so fast die ganze Stadt eingeäschert. Es ist ein fürchterliches Bild, wenn die hilflosen Frauen und Kinder, nunmehr aller Mittel bar, zusammengetrieben werden, um nach Frankreich abgeschoben zu werden. »

le soin de rechercher, a évité de recopier les cinq premières (celles que l'on voit ci-après imprimées en italiques), me demande de tout transcrire et de tout tiaduire. Je le veux bien.

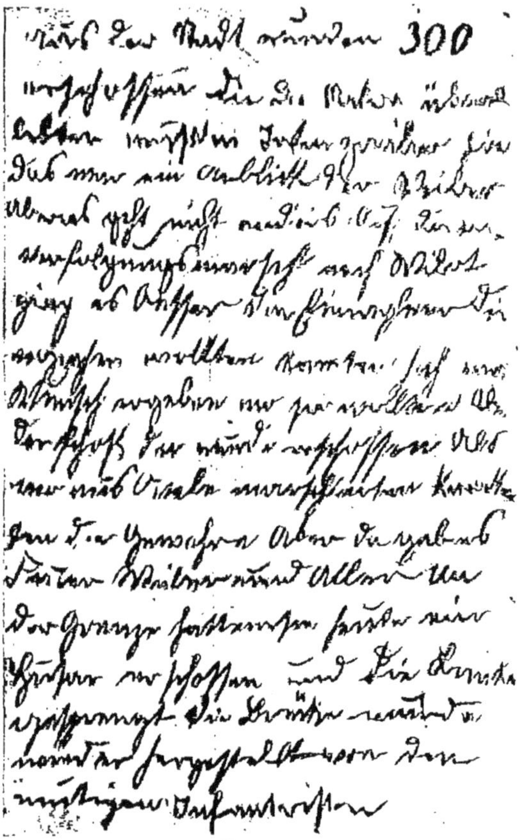

Fig. 1.

« *Des habitants de la ville, on en fusilla trois cents. Ceux qui survécurent au feu de salve furent contraints à servir de fossoyeurs. Il fallait voir les femmes! Mais il n'y a pas moyen de faire autrement.* Dans notre marche sur Wilot, les choses allèrent mieux : on permit aux habitants qui voulaient partir de s'en aller où ils voulurent. Mais qui tirait était fusillé. A notre départ d'Owele, les fusils crépitèrent. *Aber da gab es Feuer Weiber und alles.* A la frontière ils avaient aujourd'hui fusillé un hussard et détruit le pont. Le pont a été rétabli par les vaillants fantassins[1]. »

1. « *Aus der Stadt wurden 300 erschossen. Die die Salve überlebten mussten Totengräber sein. Das war ein Anblick der Weiber, aber es geht nicht anders.* Auf dem Verfolgungsmarsch nach Wilot ging es besser. Die Einwohner, die wegziehen wollten, konnten sich nach Wunsch ergeben, wo sie wollten; aber, der schoss, der wurde erschossen. Als wir aus Owele marschierten, knatterten die Gewehre, *aber da gab es Feuer Weiber und Alles.* An der Grenze hatten sie heute ein [en] Husar[en] erschossen und die Brücke gesprengt. Die Brücke wurde wiederhergestellt von den mutigen Infanteristen. »

La seule critique de la *Gazette de l'Allemagne du Nord* porte sur la phrase que j'ai laissée ci-dessus en allemand : « *aber da gab es Feuer Weiber und Alles* ». J'avais traduit : « mais là incendie, femmes, et le reste... », et ce sens m'avait été donné par plusieurs amis de qui l'allemand est la langue maternelle. La *Gazette* nous apprend qu'en allemand vulgaire « wir gaben Feuer auf... » signifie « nous fîmes feu sur... » et qu'il faut donc comprendre, en admettant l'ellipse du mot *auf*, « darauf gaben wir Feuer auf Weiber und alles », c'est-à-dire : « là-dessus nous fîmes feu sur les femmes, sur tout le monde ». Il se peut que la *Gazette* ait ici raison. Le problème, dont je laisserai la solution au lecteur, est dès lors d'examiner si ma méprise fut à l'avantage ou au désavantage de l'armée allemande, en d'autres termes il s'agit pour le lecteur de décider lequel est le plus honorable pour des soldats, si c'est d'outrager des femmes ou si c'est de fusiller des femmes.

Si l'on accepte l'interprétation de la *Gazette de l'Allemagne du Nord*, il en résulte, dira-t-on, que ce village, où l'on se contenta de « tirer sur les femmes et sur tout le monde », ne fut ni incendié ni dévasté. Heureux et rare privilège en effet, si l'on se rappelle quel fut, au témoignage des carnets allemands, le sort de Nomény, de Schaffen (voir plus haut), — d'Orchies (p. 18 de ma première brochure), — de Parux (p. 22), — de Sommepy, « qui fut brûlé jusqu'au ras du sol, où les Français furent jetés dans les maisons en flammes, où les civils et tout furent brûlés ensemble » (p. 10), — du Gué d'Ossus, où, pour se remettre d'une panique irraisonnée, les troupes allemandes « jetèrent tout simplement les habitants mâles dans les flammes » (p. 11), — et de centaines d'autres villes, villages ou bourgades. Sur le caractère de telles dévastations, je soumets au contrôle de la *Gazette de l'Allemagne du Nord* ce jugement du soldat allemand Z..., du 78e d'infanterie (de Frise Orientale), Xe Corps d'armée (*Fig. K*, p. 26) :

« (Courcy, au Nord de Reims, 22 octobre.) Nous sommes ici

couchés sur la pelouse dans le jardin du propriétaire de la verrerie, dont la maison abrite à présent dans sa cave l'état-major de notre régiment. Ici, le village et les maisons d'ouvriers pillés et saccagés de fond en comble. Atroce. Il y a pourtant quelque chose de vrai dans ce qu'on va disant des Barbares allemands[1]. »

Fig. K.

Je soumets aussi à la *Gazette de l'Allemagne du Nord* ces trois lignes prises au carnet du lieutenant Y..., du 13e régiment d'artillerie à pied (de Hohenzollern) :

« 24 août. Blamont. Le village a été pillé de fond en

1. « Wir liegen hier auf dem Rasen im Garten des Besitzers der Glasfabrik, dessen Haus jetzt im Keller unseren Regimentsstab beherbergt. Das Dorf und die Arbeiterhäuser hier durch und durch geplündert und verwüstet. Scheusslich. Es ist doch was daran an dem Gerede von den deutschen Barbaren. »

comble, et ceux qui y ont cantonné — des Bavarois, je pense — s'y sont conduits en Vandales[1]. »

VI

CIVILS PLACÉS DEVANT LES TROUPES ALLEMANDES POUR LES PROTÉGER

J'ai publié en fac-similé, à la page 20 de ma brochure, une colonne d'un numéro des *Münchner Neueste Nachrichten*. Un officier bavarois, le lieutenant en premier A. Eberlein, y raconte, sous sa signature, d'ignobles exploits : dans toute armée, autre que l'allemande, un officier qui ferait de tels aveux subirait la dégradation militaire et serait envoyé au bagne. Or celui-ci raconte publiquement comment, entré dans Saint-Dié à la tête d'une colonne, il fut obligé de se barricader dans une maison en attendant du renfort, et comment, pour s'y mieux protéger, il força à coups de crosse trois habitants de la ville à descendre au milieu de la rue et à y demeurer, assis sur des chaises, durant le combat. Il ajoute que, le même jour, un régiment de réserve allemand qui pénétra dans Saint-Dié par une autre voie recourut à un stratagème semblable : « Les quatre civils que les réservistes avaient également placés au milieu de la rue ont été tués par les balles françaises ; je les ai vus moi-même, près de l'hôpital, étendus au milieu de la rue. »

Ce que la *Gazette de l'Allemagne du Nord* déplore ici, c'est que je n'aie donné en fac-similé qu'une seule colonne du journal. Pourquoi n'ai-je pas publié aussi la précédente ? « Le contexte faisant défaut, dit-elle, on ne peut démêler s'il s'agit en l'espèce de guerre régulière ou irrégulière. Dans la guerre de *Franktireurs*, il peut être utile et parfaitement légitime (*sic*) de poster dans la rue quelques civils, sur qui

1. « 24. Aug. Das Dorf war vollständig ausgeplündert, und wie die Vandalen hatte die Einquartierung — ich vermute die Baiern — gehaust. »

leurs amis et voisins n'osent pas tirer, tandis que dans la guerre régulière ce serait un crime[1]. »

Oui, un « crime », et l'un des plus vils qu'on puisse reprocher à des soldats, et puisque c'est de ce « crime » que j'accusais deux régiments allemands, comment la *Gazette de l'Allemagne du Nord* n'a-t-elle pas saisi l'occasion de les en justifier et de me confondre? Lui était-il si difficile de se procurer le numéro des *Münchner Neueste Nachrichten*? Ne lui avais-je point donné toutes les références utiles: numéro 513, du mercredi 7 octobre 1914, *Vorabendblatt*, p. 2? La collection d'un journal aussi répandu ne se trouve-t-elle pas au moins dans dix bibliothèques berlinoises ? La vérification n'était-elle pas aussi facile que nécessaire? Si la *Gazette de l'Allemagne du Nord* a négligé de la faire, de quel droit ose-t-elle insinuer que j'aurais trouvé dans le récit des combats de Saint-Dié quelque mention de « Franktireurs » et que j'aurais dissimulé le passage? Si au contraire elle a vérifié, et si, n'ayant trouvé dans le récit de ces combats nulle trace de « Franktireurs », elle ose exprimer le regret que je n'aie publié qu'une colonne du journal, de quel nom qualifier son procédé ? En fait, le lecteur voit ci-contre, en fac-similé, la colonne que la *Gazette de l'Allemagne du Nord* regrette de n'avoir pu lire [2] (*Fig. L*). On y

1. « Es ist aus dem Zusammenhang nich zu ersehen, ob es sich hier um regulären Krieg oder irregulären Krieg handelt. Im Franktireurkrieg kann es zweckmässig und im höchsten Grade gerechtfertigt sein einige Zivilisten auf die Strasse zu postieren, auf welche Freunde und Nachbaren nicht zu schiessen wagen, während es im regulären Krieg ein Verbrechen wäre. » (Article de la *Gazette*.)

2. L'article compte plus de deux cents lignes. Ne pouvant le donner tout entier en fac-similé, nous le résumerons de la sorte. Le 27 août, à 6 heures du matin, la compagnie Eberlein, formant avant-garde, prend la direction de Saint-Dié : elle est inquiétée dans sa marche par le feu de l'infanterie française. Elle arrive à la commune de Sainte-Marguerite (à 4 kilomètres de Saint-Dié) : des coups de fusil partent des maisons. On fouille ces maisons, on n'y trouve que des civils; on incendie le village (In der Dorfstrasse erhalten wir Feuer und zwar kam es nur aus den Häusern. Obwohl wir die Häuser durchsuchten, finden wir nur Zivilisten darinnen, sie werden verhaftet, die Häuser gehen in Flammen auf. Von rückwärts kommt der Befehl, das Dorf niederzubrennen. Mit unheimlicher Schnelligkeit wird der Befehl befolgt.) Description de l'incendie. La compagnie reprend sa marche,

ersten fünf Gruppen Vortrupp, Radfahrer voraus!" — Dann marschieren wir ein.

Zu meiner Schande will ich gleich gestehen, in Marschkolonne! Aber es schien alles so friedlich, Leute standen auf der Straße, Mädchen winkten uns lächelnd zu — das Lächeln haben wir allerdings erst später verstanden.

Ein Mann in grauen Haaren springt auf mich zu: „Herr Kapitän, ich führe Sie, ich bin ein Deutscher!"

„Sind noch Franzosen in der Stadt?"

„O nein! Alle fort!"

Wir ziehen an einer Kaserne vorbei, kein Mensch zu sehen. Rechts geht eine Seitenstraße ab. Da schreit einer von meinen Leuten: „Herr Oberleutnant, da drüben hab' ich ein paar rote Hosen gesehen!"

Ich lasse sofort halten.

Das war unser Glück, denn unterdessen sind unsere Radfahrer bis auf 50 Meter an das Rathaus vorgefahren und plötzlich sehen sie vor sich eine Barrikade. Sehen, Abspringen, Kehrtmachen war das Werk eines Augenblicks und da rollt auch schon die erste Salve in unsere dichtgedrängte Marschkolonne.

Die Hölle scheint sich aufgetan zu haben, die Häuser speien Feuer aus.

Die Wirkung der ersten Salve war fürchterlich. 9 Mann wälzen sich in ihrem Blut, davon 4 Sterbende. Wie durch ein Wunder bin ich unverletzt geblieben, obgleich ich mit meinen beiden Offiziersstellvertretern vorausgegangen war. Einer von ihnen, Offiziersstellvertreter L., erhielt einen Schuß ins Bein, konnte aber noch zurückspringen.

Einen Moment packt lähmendes Entsetzen die Kompagnie.

Alles drängt sich gegen eine Mauer, weiß doch niemand, woher die Schüsse kommen.

Da sehe ich unseren weißbärtigen französisch-deutschen Biedermann auf das Eckhaus zustürzen. Oben drüber steht: „Café de l'Univers", schon ist er drin, ich rufe mit aller Kraft: „Alles mir nach, ins Haus!"

Krachend gibt die schwere Türe nach. Klirrend fliegen die Fensterscheiben im Zimmer herum, auch herein schlagen die Kugeln, aber etwa 10 Mann sind bei mir.

„Sofort sämtliche Fenster besetzen! Feldwebel G. hierauf in den zweiten Stock! Alles zur Verteidigung einrichten!" Tische und Stühle fliegen hinaus auf die Straße, in die Böden werden Schießscharten hineingebrochen und dann nehmen wir das Feuergefecht auf, hab ich doch unterdessen an den einschlagenden Geschossen gemerkt, daß sie zumeist von der Barrikade am Rathaus herkommen.

Und jetzt schleichen auch Alpenjäger die Häuserfront entlang, ein paar wohlgezielte Schüsse, sie verschwinden.

Unsere nächste Sorge galt nun den Verwundeten. Einer von ihnen, ein Unteroffizier, liegt mit einem Bauchschuß mitten in der Straße und ruft jämmerlich um Hilfe. Ich blicke umher.

Fig. L.

lit qu'à l'entrée de Saint-Dié un vieillard guida la troupe allemande : il se disait Allemand (peut-être l'était-il) et assurait (peut-être de bonne foi) qu'il n'y avait plus de troupes françaises dans la ville. Plus loin, des coups de feu éclatèrent et un combat s'engagea : les Allemands avaient devant eux des « Rote Hosen », c'est-à-dire des pantalons rouges (ligne 16) et des « Alpenjäger », c'est-à-dire des chasseurs alpins (ligne 56) : de « Franktireurs », nulles nouvelles.

L'enquête poursuivie à Saint-Dié par les autorités françaises confirme exactement le récit honteux, mais véridique, du lieutenant en premier Eberlein. Il n'y a contradiction que sur un point. L'officier bavarois dit « avoir vu lui-même au milieu de la rue, près de l'hôpital, les cadavres des *quatre civils* que les troupes de réserve avaient placés devant elles pour se protéger. » En réalité, de ces quatre civils, deux seulement furent tués; les deux autres, grièvement blessés, survécurent, ainsi que le montre, entre autres témoignages, la déposition que voici :

L'an mil neuf cent quatorze, le trente octobre,

Nous, Ducher, Eugène, commissaire de police de la ville de Saint-Dié, officier de police judiciaire, auxiliaire du procureur de la République,

Agissant en exécution des instructions de M. le Procureur de la République à Saint-Dié,

arrive en vue de Saint-Dié. Description de Saint-Dié. Halte à une usine en avant de la ville pour attendre des ordres. L'ordre arrive de la brigade d'entrer dans Saint-Dié, qui doit ne plus contenir de troupes françaises : « Saint-Dié anscheinend vom Gegner frei ! — Also los! Die *ersten fünf Gruppen Vortrupp.* » Ici commence la seconde colonne, que le lecteur a sous les yeux en fac-similé. Les Allemands ont à combattre dans la ville de l'infanterie de ligne et des chasseurs alpins, — rien que des troupes régulières, qui se sont barricadées. Suivent vingt-quatre lignes, non reproduites en fac-similé, qui racontent la mort de deux soldats allemands, Pfeifer et Kunz. Enfin l'artillerie allemande tire sur la barricade française : « Wohl fällt für uns mitunter auch was ab, aber wir kriegen Luft und *unser braver Offiziersstellvertreter W...* » C'est par ces mots que la seconde colonne de l'article se raccorde à la troisième et dernière colonne, reproduite en fac-similé dans ma précédente brochure, où le lieutenant Eberlein narre l'abominable supplice imposé par lui-même et par ses compagnons d'armes du régiment de réserve à des civils désarmés et innocents.

Nous nous sommes rendu rue Thurin, n° 31, au domicile de M. Visser, Charles-Auguste-Georges, cinquante ans, comptable à l'usine Blech, Emile, et Cie.

M. Visser, après avoir prêté serment de dire la vérité, a fait la déclaration suivante:

« Le 27 août 1914, vers neuf heures du matin, un détachement d'infanterie allemande s'est présenté à Saint-Dié, par la route qui conduit de Gratin à Saint-Dié. Là, un officier allemand m'a mis le revolver sous le menton en disant : « Vous nous conduire. » Ma femme et ma petite fille Georgette, âgée de neuf ans, supplièrent l'officier allemand de ne pas me faire de mal. A quoi l'officier répondit qu'il ne me serait fait aucun mal. En sortant de l'usine Blech, j'ai vu, encadré par les Prussiens, le sieur Chotel, habitant Saint-Dié, rue d'Ormont. J'ai demandé à Chotel ce qu'il faisait là, et il m'a déclaré que les Allemands l'avaient trouvé sur la route et emmené.

« Au carrefour de la rue Thurin et de la rue du Breuil, les Allemands, qui entraient dans toutes les maisons, se sont emparés de M Georges, Léon, manœuvre, demeurant à Saint-Dié, rue Thurin, n° 1 et d'un nommé Louzy, Henri, menuisier, demeurant à Saint-Dié, rue Thurin, n° 1 : ce dernier est sourd-muet.

« Jusqu'à ce moment les Allemands de la rue Thurin n'avaient ni tiré ni reçu de coup de fusil; on entendait seulement le bombardement et le bruit d'une fusillade éloignée.

« Au carrefour de la rue Thurin et de la rue du Breuil un soldat allemand a traversé la rue du Breuil et s'est avancé jusque près du mur de l'hôpital. Là il a reçu une balle en pleine figure et est tombé. Alors l'officier allemand, furieux, s'est adressé à moi et m'a dit : « Les voilà, vos sales Français ; ils tuent nos soldats au coin des rues. » En même temps il donna un ordre en allemand et nous dit à nous quatre en nous menaçant du revolver : « Vous, sur le front, et en avant! »

« Nous partons en tête des Allemands, et après quelques pas je voyais à environ 200 mètres une barricade située droit devant nous et derrière laquelle tiraient nos soldats. La fusillade commença aussitôt, de sorte que nous étions pris entre deux feux.

« J'ai d'abord vu Chotel tomber à genoux et le sang couler de son pantalon ; il se retourna et cria : « Assassins ! Lâches ! » puis il tomba étendu.

« Peu après Georges, Léon, tombait à son tour sans dire mot. Ensuite j'ai vu le muet Louzy se sauver en longeant le mur de l'hôpital rue Saint-Charles ; j'ai cru qu'il était blessé au pied ;

j'ai su plus tard qu'il était blessé au poignet. Les Allemands lui criaient halte, mais, comme il est sourd-muet, il a continué sa route.

« A mon tour, j'ai reçu un coup à l'aine droite et je suis tombé : j'ai dû perdre connaissance un moment. Quand j'ai rouvert les yeux, la canonnade et la fusillade continuaient. Les Allemands étaient encore près de moi et tiraient sur la barricade de la rue Saint-Charles.

« A un moment donné, les Allemands se sont avancés. J'ai prié un soldat allemand de me conduire chez moi. Il m'amena d'abord devant un officier allemand, celui qui nous avait placés en avant. L'officier m'a dit: « Vous saurez que ce n'est pas une « balle allemande qui vous a frappé, mais une balle française. » Il me fit conduire chez moi par deux soldats allemands.

« En me déshabillant chez moi, j'ai constaté que j'avais à l'aine droite une blessure d'environ 12 centimètres de longueur sur 5 centimètres de large. Je perdais le sang en abondance ; deux pièces de cinq francs placées dans la poche de mon gilet avaient été tordues et entaillées par la balle, dont elles portent l'empreinte. Sans ces deux pièces, j'estime que j'aurais reçu une blessure mortelle.

« J'espère être rétabli dans un ou deux mois, sauf complications.

« Persiste et signe après lecture.

« VISSER. DUCHER. »

VII

UN « SCHWEINHUND »

J'ai produit dans ma brochure (p. 24-6) une page où un soldat du 12e régiment d'infanterie de réserve traite certains de ses compagnons d'armes d'« entmenschte Kerle », c'est-à-dire d'« hommes qui ne sont plus des hommes », de « Schweinehunde », c'est-à-dire d'« ignobles personnages ». A l'appui, il écrit ce que l'on voit sur le fac-similé ci-dessous (*Fig. M*) : « L'un d'eux est entré dans une sacristie fermée à clef, où était le Saint-Sacrement. Par respect, un *protestant* avait évité d'y coucher; lui, il y déposa... Comment peut-il y avoir de tels êtres? La nuit précédente, un homme de la *Landwehr*, âgé de plus de trente-cinq ans, marié, a voulu violer la fille de l'habitant chez qui il avait

Fig. M.

pris quartier, une fillette; et, comme le père intervenait, il lui a appuyé sa baïonnette contre la poitrine. »

La *Gazette* s'étonne que j'aie arrêté là la citation, négligeant de traduire les deux dernières lignes du fac-similé, qui disent : « Croirait-on pareille chose possible? Celui-là du moins attend le châtiment qu'il a mérité. »

Si cette phrase (« *Celui-là du moins...* ») m'avait gêné et si j'eusse été l'homme de telles dissimulations, quiconque regardera le fac-similé verra du premier regard qu'il n'eût dépendu que de moi de ne pas la faire photographier. Il est contradictoire de me reprocher d'avoir voulu cacher une phrase qu'on ne connaît que grâce a moi. Si je ne l'ai pas traduite, c'est à cause de son imprécision; c'est que, hormis les officiers et soldats du 12e régiment prussien d'infanterie de réserve, nul au monde ne sait ce qu'elle veut dire. De quel châtiment l'auteur du carnet a-t-il voulu parler ? Nul ne sait : peut-être simplement du châtiment de la justice divine. Si c'est d'une poursuite en conseil de guerre, cette poursuite a-t-elle abouti à une condamnation ou à un acquittement ? Nul ne sait. Si le verdict fût une condamnation, quelle fut la peine? Nul ne sait.

J'aborde ici une discussion pénible. A propos du texte qui précède, m'a été adressé le reproche de traduction tendancieuse, et cela dans un journal danois, par un homme à qui je veux bien faire la grâce de ne pas le désigner de façon plus précise. Bien qu'elle connût l'article danois et qu'elle s'y soit référée, la *Gazette de l'Allemagne du Nord*, je dois lui rendre cette justice, n'a pas repris à son compte le reproche en question, parce qu'elle a senti qu'il était trop vil. Je voudrais m'en taire, moi aussi : je ne puis, car je suis averti que le problème posé par ce journaliste alimente en Danemark une polémique sans fin.

Or ce problème est de savoir si je n'ai pas abusé de mes droits de traducteur en rendant ci-dessus les mots « die *noch junge* Tochter seines Quartierwirtes » par les mots « la fille de l'habitant chez qui il avait pris quartier, *une fillette* ». Pour le résoudre, je demanderai : Comment aurait-il fallu mettre ? « La fille *encore jeune* » ? Cela eût signifié la fille « encore en âge de tenter », comme serait par exemple une fille de trente ou trente-cinq ans, et il est visible que l'auteur du carnet a voulu exprimer tout autre chose. S'il traite son compagnon d'armes de *Schweinhund*, ce qu'il lui reproche, ce n'est pas de s'en être pris à une fille encore en âge, mais bien à une fille à qui tout autre qu'un *Schweinhund* n'aurait pas voulu s'en prendre, donc à une fille trop jeune, « *nondum matura* », ou « *vix matura* », et dès lors le mot *fillette* est sous ma plume un « euphémisme de décence », tout comme le *noch junge* de l'auteur du carnet, et l'un des plus discrets euphémismes que je puisse trouver dans ma langue.

Mais quand bien même — ce qui n'est pas — j'aurais ici forcé la nuance, quand bien même, à propos d'un crime de cet ordre et d'une fille de chez nous, j'aurais un instant perdu l'impassibilité requise d'un traducteur, et quand bien même ma traduction eût laissé à mon insu percer quelque chose de ma souffrance et de mon dégoût, non, personne au monde n'aurait eu le droit de m'en faire grief. C'est ce qu'il n'a pas senti là-bas, le critique « neutre », qui, dans sa ville paisible, pour nourrir sa polémique, fouille les dictionnaires et s'évertue à déterminer jusqu'à quel âge précisément une « fille » peut être dite une « fillette ». Et ce n'était pourtant pas très difficile à sentir, semble-t-il, puisque l'autre, le critique berlinois de la *Gazette de l'Allemagne du Nord*, a laissé tomber ce grief.

A l'intention du journaliste danois et de ses semblables, voici un autre texte, non moins sinistre, où ils apprécieront s'il s'agit de « filles » ou de « fillettes » :

Carnet du soldat Max Thomas, du 107e régiment d'infanterie (8e saxon), Prince Jean-Georges, XIXe Corps d'armée :

« 23 août. A Spontin (Belgique). Une compagnie du 107e et une du 133e reçurent l'ordre de rester en arrière pour fouiller le village, pour faire les habitants prisonniers et pour incendier les maisons. A l'entrée du village, à droite, gisaient deux jeunes filles, l'une morte, l'autre grièvement blessée. Le curé aussi fut fusillé devant la gare. Trente autres hommes furent aussi fusillés selon la loi martiale et cinquante faits prisonniers[1] ».

1. « Eine Kompagnie von 107 und 133 wurden zurückkommandiert das Dorf zu durchsuchen, die Bewohner gefangen zu nehmen und die Häuser in Brand zu stecken. An der rechten Seite von (*sic*) Eingange des Dorfes lagen zwei junge Mädchen, eine tot und eine schwer verwundet. Auch der Pfaffe wurde vor dem Bahnhofgebäude erschossen. Auch wurden noch ander 30 Mann standrechtlich erschossen und 50 gefangen gemacht. »

VIII

CHORAL MILITAIRE : « REMERCIEZ TOUS DIEU ! »

A la page 26-7 de ma première brochure, le soldat Moritz Grosse, du 177ᵉ régiment d'infanterie, raconte comment, le 23 août, il regarda de loin, à la jumelle, flamber les maisons de Dinant. Il ajoute :

« Einschlagen von Granaten in die Häuser. Abends Feldgesang : *Nun danket alle Gott!* »

« Einschlagen von Granaten » signifie « pluie d'*obus* ». J'ai donc fait tort à ce soldat et à son régiment en traduisant par erreur :

« Lancement de *grenades incendiaires* dans les maisons. Le soir, choral militaire : « Maintenant remerciez tous Dieu. »

Mais, une fois le mot « obus » rétabli, si l'odieux de ces deux lignes disparaît, l'odieux subsiste dans la réalité des faits, car on sait — et par des carnets allemands — ce que fut le martyre de Dinant (21-26 août) et comment les maisons de rues entières y furent brûlées par d s « grenades

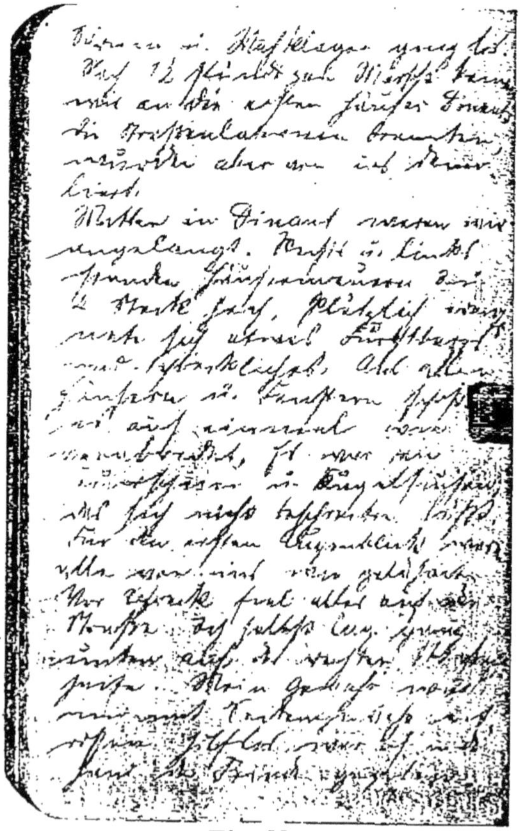

Fig. N.

incendiaires » (*Bomben*). C'est ce que nous montre, par exemple, le carnet du soldat Paul Förster, du 108e régiment de tirailleurs (fusiliers) Prince Georges, XIIe Corps (*Fig. N et O*) :

« 21 août. Après une marche d'une heure et demie, nous arrivâmes aux premières maisons de Dinant. Les réverbères étaient allumés, mais furent démolis par nous.

« Nous étions parvenus au cœur de Dinant. A droite et à gauche s'élevaient des murs de maisons hautes de trois à quatre étages. Tout à coup se passa quelque chose d'effrayant et de terrible. De toutes les maisons, de toutes les fenêtres, on tira à la fois, comme sur un signal convenu. Ce fut un crachement de feu et un sifflement de balles qu'on ne saurait décrire. Au premier moment, nous fûmes tous comme paralysés. La terreur nous jeta tous contre le sol. Moi-même j'étais étendu tout en bas, sur le côté droit de la rue. Mon fusil et ma baïonnette me furent arrachés. J'étais livré sans défense aux mains de l'ennemi. Pourtant mes camarades s'étaient vite repris de leur effroi. Maintenant nos fusils crachèrent le feu à leur tour. Vingt minutes à peu près passèrent, pendant lesquelles on aurait cru venu le jour

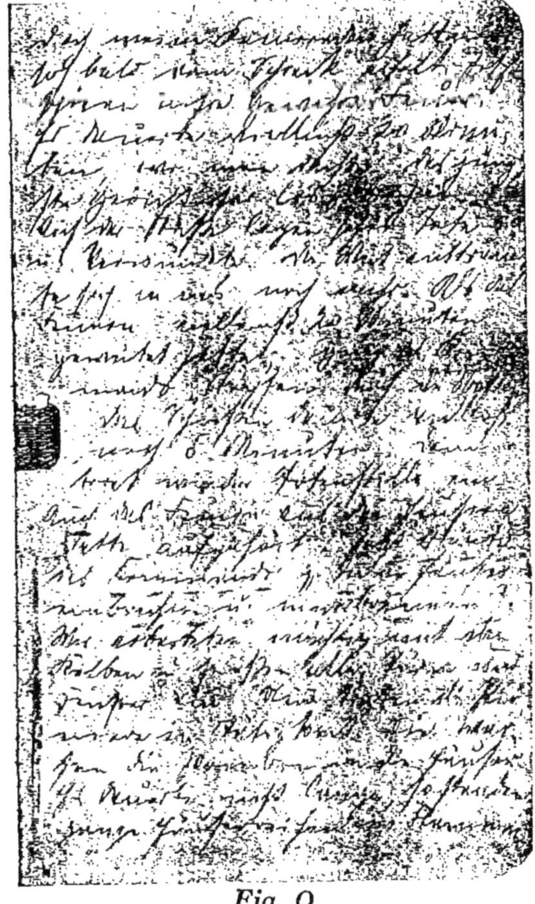

Fig. O.

du jugement dernier. Dans la rue gisaient déjà des morts et des blessés. La colère nous enflamma davantage. Quand la fusillade eut fait rage environ vingt minutes, s'éleva à travers les rues le commandement : « Cessez le feu ! » On continua pourtant à tirer encore pendant peut-être cinq minutes. Puis régna de nouveau un silence de mort. La fusillade qui partait des maisons avait aussi cessé. Alors retentit le commandement : « Enfoncer les portes des maisons et brûler ! » Nous travaillâmes fortement à coups de crosse et enfonçâmes toutes les portes et fenêtres. Puis les sapeurs du génie se mirent à l'œuvre. *Ils lancèrent les grenades incendiaires dans les maisons.* Ce ne fut pas long : des rangées entières de maisons flambèrent. Les flammes s'élancèrent par les fenêtres et illuminèrent la nuit.

« Nous battîmes en retraite. Toutes les maisons devant lesquelles nous passâmes furent aussi incendiées. Nous avions atteint notre but [1]. »

Quand on se rappelle que Dinant est une ville belge et que — pour nous contenter de l'euphémisme de M. de Bethmann-Hollweg — la violation du territoire belge fut une « injustice », quand on se rappelle que, sur les quatorze cents

1. « 21. VIII. — Nach 1 1/2 stündigem Marsch kamen wir an die ersten Häuser Dinants. Die Strassenlaternen brannten, wurden aber von uns demoliert.

« Mitten in Dinant waren wir angelangt. Rechts und links standen Häusermauern 3 und 4 Stock hoch. Plötzlich ereignete sich etwas Furchtbares und Schreckliches. Aus allen Häusern und Fenstern schoss es auf einmal wie verabredet. Es war ein Feuerspeien und Kugelsausen, das sich nicht beschreiben lässt. Für den ersten Augenblick waren alle von uns wie gelähmt. Vor Schreck fiel alles auf die Strasse. Ich selbst lag ganz unten auf der rechten Strassenseite. Mein Gewehr wurde mir mit Seitengewehr entrissen. Hilflos war ich in die Hand der Feinde gegeben. Doch meine Kameraden hatten sich bald vom Schreck erholt. Jetzt spieen unsre Gewehre Feuer. Es dauerte vielleicht 20 Minuten, wo man dachte, das jüngste Gericht sei losgebrochen. Auf der Strasse lagen schon Tote und Verwundete. Die Wut entbrannte sich in uns noch mehr. Als das Feuer vielleicht 20 Minuten gewütet hatte, ging das Kommando « Stopfen » durch die Strassen. Das Schiessen dauerte vielleicht noch 5 Minuten. Dann trat wieder Totenstille ein. Auch das Feuer aus den Häusern hatte aufgehört. Jetzt ertönte das Kommando : « In die Häuser einbrechen und niederbrennen. » Wir arbeiteten mächtig mit den Kolben und stiessen alle Türen und Fenster ein. Nun traten die Pioniere in Tätigkeit. *Sie warfen die Bomben in die Häuser.* Es dauerte nicht lange, so standen ganze Häuserreihen in Flammen. Die Flammen schlugen zu den Fenstern heraus und erleuchteten die Nacht.

« Wir traten den Rückzug an. Alle Häuser, wo wir vorbeikamen, wurden auch in Brand gesetzt. Wir hatten unsern Zweck erreicht. »

maisons de Dinant et de ses faubourgs, deux cents à peine sont encore debout, quand on se rappelle que la liste des Belges qui y furent massacrés s'élève à près de huit cents noms et que le sang innocent y fut versé à flots, certes on a quelque droit de s'étonner que de telles «victoires» soient célébrées par des hymnes d'actions de grâces (« Le soir, choral militaire : *Maintenant remerciez tous Dieu!* »), lesquels ressemblent fort à des blasphèmes.

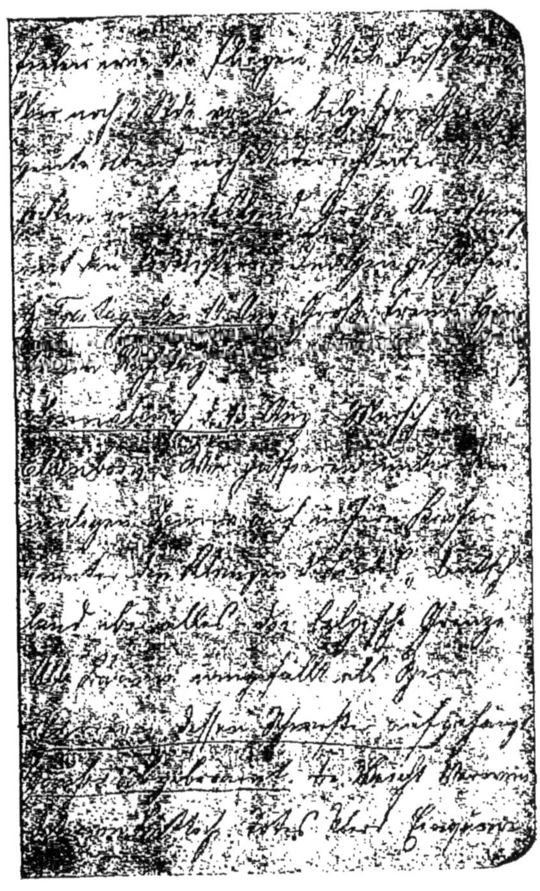

Fig. P.

Mais de quoi peut-on s'étonner encore, quand on a lu les carnets allemands? N'a-t-on pas vu tout à l'heure les troupes allemandes piller un village belge aux accents de leur hymne national : *Deutschland über alles?* Écoutons une fois de plus retentir le chant *Deutschland über alles :*

Carnet du Gefreite Menge, de la 8e compagnie du 74e d'infanterie de réserve, Xe Corps de réserve (*Fig. P*) :

« 15 août. C'est en poussant un triple hourrah en l'honneur de notre empereur et aux accents du chant *Deutschland über alles* que nous franchissons la frontière belge. Tous les arbres abattus pour servir de barricades. Un curé et sa sœur pendus. Des maisons brûlées[1]. »

IX

MASSACRES D'ENNEMIS DÉSARMÉS OU DE BLESSÉS

De la série des témoignages allemands d'où il résulte que maintes fois les troupes allemandes ont tué des ennemis qui s'étaient rendus à discrétion, ou ont reçu l'ordre de ne pas faire quartier, ou ont achevé des blessés, la *Gazette de l'Allemagne du Nord* n'en a discuté qu'un seul[2], celui-ci (carnet du soldat Paul Glöde, du 9e bataillon de pionniers, IXe Corps) (*Fig. Q*) :

« 12 août 1914. En Belgique. — On se fait une idée de l'état de fureur de nos soldats, quand on voit les villages détruits. Plus une maison intacte. Tout ce qui peut se manger est réquisitionné par des soldats non commandés. On a vu plusieurs monceaux d'hommes et de femmes exécutés après jugement. De petits porcs couraient à l'entour, cherchant leur mère. Des chiens à la chaîne n'avaient rien à manger ni à boire, et les maisons brûlaient au-dessus d'eux. Mais avec la juste colère de nos soldats va aussi de pair un pur vandalisme. En des villages déjà absolument vides, ils dressent à leur plaisir l'incendie (le Coq Rouge) sur les maisons. Les habitants me font peine. S'ils emploient des armes déloyales, ils ne font après tout que défendre leur patrie. Les atrocités que ces bourgeois ont commises ou commettent encore sont vengées d'une façon

1. « Wir passieren unter dreimaligem Hurra auf unsern Kaiser u. unter den Klängen d. Liedes « Deutschland über alles » die belgische Grenze. Alle Bäume umgefällt als Sperre. Pfarrer u. dessen Schwester aufgehängt. Häuser abgebrannt. »

2. Je néglige ce qu'elle reproche à ma traduction d'*angeschossen* — que j'avais lu à tort *eingeschossen* — par *abattus* (p. 31). « Atteints par des projectiles » (il s'agit d'une vache et de son veau) eût été plus exact. Ni moi ni les amis par moi consultés n'arrivons à voir de différence entre l'interprétation donnée par moi du passage et celle de la *gazette*.

dürfen nicht. Kein Haus ist
mehr ganz. Alles [illegible]
[illegible] von einzelnen
Soldaten requiriert.
Mehrere Häuser [illegible]
sah man, [illegible]
[illegible]
[illegible] kleine [illegible]
[illegible]
[illegible] Mütter [illegible]
lagen [illegible]
[illegible]
[illegible]
ihren [illegible]
Häuser.
Neben der großen Wut
der Soldaten arbeitet
aber auch [illegible]
In ganz leeren Dörfern
[illegible] setzen sie die
[illegible] ganz [illegible]
Rücksicht auf die Häuser
[illegible] die letzte [illegible]
Wenn sie auch unfaire
Waffen gebrauchen, so verteidigen [illegible] ihr Vaterland
[illegible]
Die Grausamkeiten, die verübt
werden & noch werden [illegible]
[illegible] die Bürger waren
[illegible]
Versammlungen der [illegible]
[illegible]
(Tagesordnung.
12.8.14. [illegible]

Fig. Q.

sauvage. *Les mutilations de blessés sont à l'ordre du jour* [1]. »

Sur le fac-similé (page 41, ligne 31), au lieu de *wüst gerächt* (*sauvagement vengés*), la *Gazette* veut lire *ernst gerächt* (*sévèrement vengés*), en alléguant que le signe qui marque l'infléchissement de l'*u* manque sur le mot que je lis *wüst*; et à la faveur de la lecture *ernst*, la *Gazette* soutient que les blessés que l'on mutila étaient des Allemands.

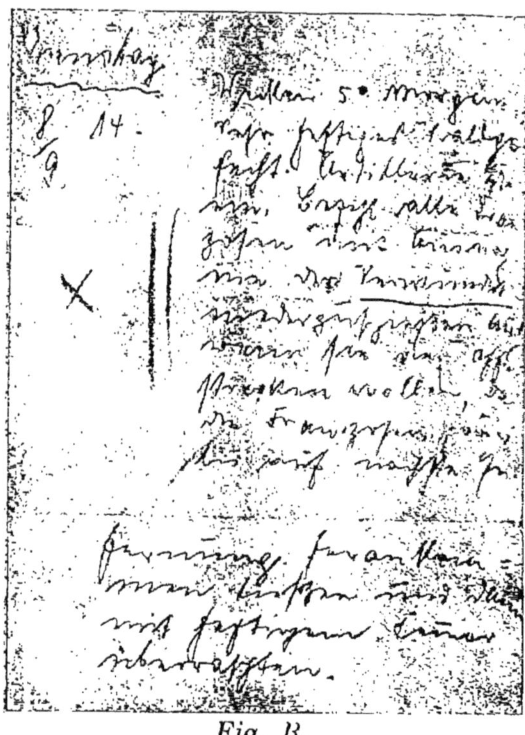

Fig. R.

A quoi je réponds que l'auteur du carnet a pu omettre le signe en question sur l'*u* de *wüst*, puisqu'il l'a omis, trois lignes plus haut, sur le mot *verubt*. Je réponds en outre qu'on ne saurait lire *ernst*, si l'on compare l'*er* de *erschossen* (ligne 7

1. « Von der Wut der Soldaten kann man sich ein Bild machen, wenn man die zerstörten Dörfer sieht. Kein Haus ist mehr ganz. Alles essbare wird von einzelnen Soldaten requiriert. Mehrere Haufen Menschen sah man, die standrechtlich erschossen wurden. Kleine Schweinchen liefen umher und suchten ihre Mutter. Hunde lagen an der Kette und hatten nichts zu fressen und zu saufen und über ihnen brannten die Häuser.

« Neben der gerechten Wut der Soldaten schreiteit aber auch purer Vandalismus. In ganz leeren Dörfer setzen sie den roten Hahn ganz willkürlich auf die Häuser. Mir tun die Leute leit. Wenn sie auch unfaire Waffen gebrauchen, so verteidigen sie doch nur ihr Vaterland. Die Grausamkeiten die verübt wurden und noch werden von seiten der Bürger werden wüst gerächt.

« *Verstümmelungen der Verwundeten sind* an *Tagesordnung.* »

du fac-similé) ; qu'on est tenu de lire *wüst*, si l'on compare (lignes 3, 8, 21, 28, 29) les *w* de *wird*, *wurden*, *willkürlich*, *werden*. Je maintiens en outre que la suite des idées indique que l'écrivain applique la dernière phrase à des mutilations de blessés belges.

Mais il est possible après tout que ce soldat, qui écrivait pour lui seul des notes hâtives, ait exprimé autre chose que ce qu'il voulait dire, et c'est pourquoi, laissant au lecteur la libre appréciation de la dernière phrase de ce texte, j'en produirai d'autres, qui, eux, ne laissent hélas ! sur les crimes de cet ordre place à aucun doute.

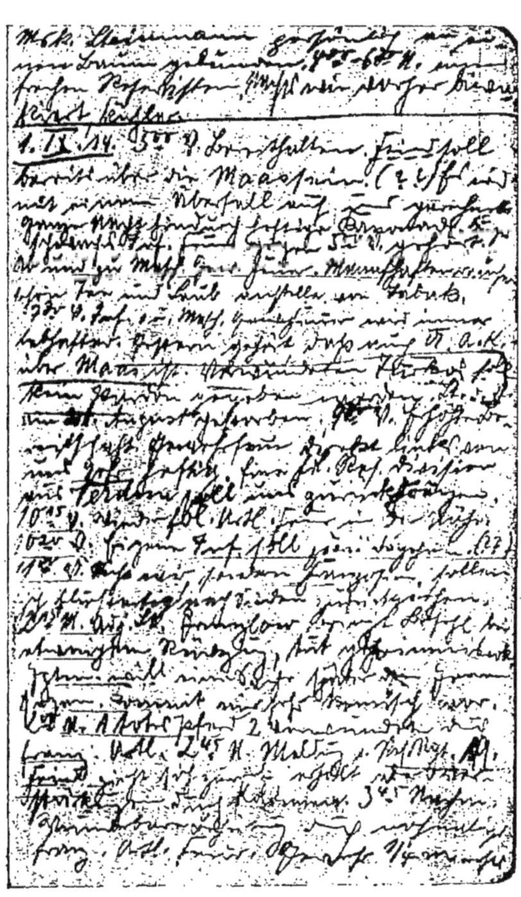

Fig S.

On lit à la dernière page du carnet du sous-officier Heinrich Fröhlich, du 117e régiment d'infanterie, 3e hessois, XVIIIe Corps d'armée (*Fig. R*, p. 42) :

« Dimanche, 8 septembre. Ordre d'abattre, même s'ils veulent déposer les armes, tous les Français, excepté les blessés, et cela parce que les Français nous ont laissés approcher très près, puis nous ont surpris par un feu violent [1]. »

On lit dans le carnet du vice-feldwebel Bruchmann, du 144e régiment d'infanterie, XVIe Corps d'armée (*Fig. S*, ligne 14) :

« Il ne doit pas être fait quartier aux turcos blessés [2]. »

On lit dans le carnet du sous-officier Göttsche, du 85e régiment d'infanterie, IXe Corps d'armée [3] (*Fig. T*) :

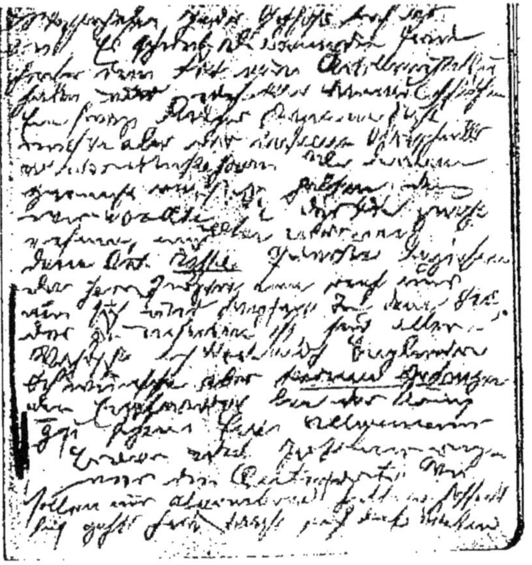

Fig. T.

« 6 octobre 1914. Nous aurions voulu prendre le fort aussitôt, mais nous fûmes obligés de cantonner d'abord à Kessel (à l'est d'Anvers). Le capitaine nous fit faire le cercle et dit : « Dans le fort que nous avons à prendre il y a, selon toute vraisemblance, des Anglais. Mais je désire ne voir dans la compagnie aucun prisonnier anglais. Un bravo général fut la réponse [4]. »

1. « Befehl alle Franzosen mit Ausnahme der Verwundeten niederzuschiessen, auch wenn sie die Waffen strecken wollen, da die Franzosen uns bis auf nächste Entfernung herankommen liessen und dann mit heftigem Feuer überraschten. »

2. « Verwundeten Turkos soll kein Pardon gegeben werden. »

3. Une partie de ce régiment escortait alors des pièces d'artillerie destinées au siège d'Anvers.

4. « Wir wollten ja den Fort zuerst nehmen, mussten aber noch in dem Ort Kessel Quartier beziehen. Der Herr Hauptmann rief uns um sich und sagte « In dem Fort, das zu nehmen ist, sind aller Wahrscheinlichkeit nach Engländer. Ich wünsche aber *keinen gefangenen* Engländer bei der Kompagnie zu sehen. Ein allgemeiner Bravo der Zustimmung war die Antwort. »

On lit dans le carnet du réserviste Fahlenstein, du 34e fusiliers, IIe Corps d'armée (*Fig. U*) :

« 28 août. Ils (les Français) gisaient par tas de huit ou dix, blessés ou morts, les uns pardessus les autres. Ceux qui pouvaient encore marcher furent faits prisonniers et emmenés avec nous ; ceux qui étaient blessés grièvement, d'une blessure à la tête ou aux poumons, etc., et qui ne pouvaient plus se mettre debout, reçurent une balle de plus qui mit fin à leur vie. C'était d'ailleurs l'ordre que nous avions reçu[1]. »

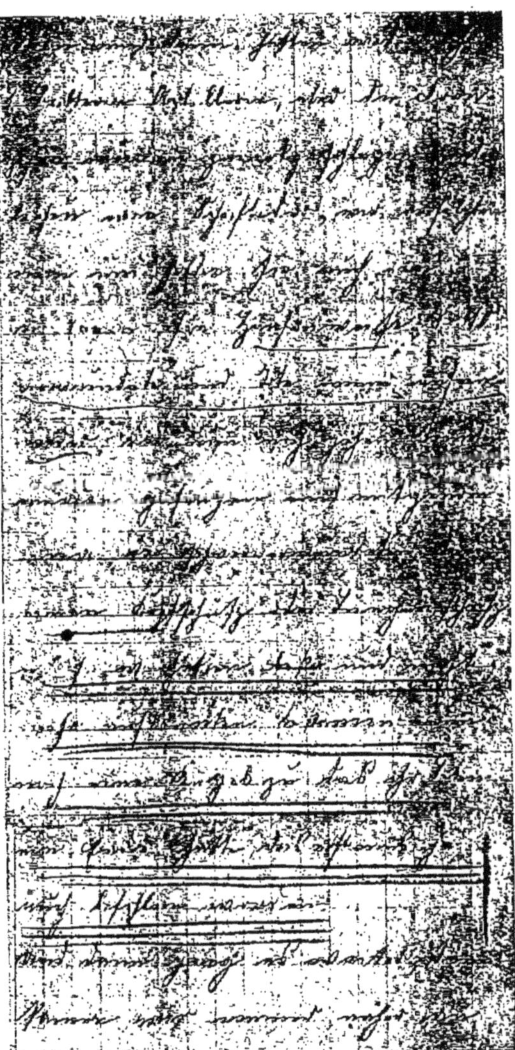

Fig. U.

1. « Da lagen sie haufenweise 8 bis 10 Verwundete und Tote immer aufeinander. Die nun noch gehen konnten wurden gefangen und mitgenommen. Die schwer verwundeten, die einen Kopfschuss oder Lungenschuss u. s. w. hatten, und nicht mehr auf konnten, bekamen dennoch seine Kugel zu, dass ihr Leben ein Ende hatte. Das ist uns ja auch befohlen worden. »

X

JUGEMENT D'ENSEMBLE

Je terminerai par cette appréciation d'ensemble, prise au carnet du sous-officier X..., du 46e régiment d'infanterie de réserve, Ve Corps de réserve (*Fig. V*) :

« 15 octobre 1914. Il avait d'abord été question de nous faire cantonner à Billy (Billy-sous-Mangiennes), d'où la population civile avait déjà été chassée et où tous les objets mobiliers avaient été soit enlevés, soit rendus inutilisables. Cette façon de faire la guerre est purement barbare. Je m'étonne que nous puissions reprocher aux Russes leur conduite, car nous nous comportons en France de façon bien pire, et en toute occasion et sous n'importe quel prétexte, c'est l'incendie et le pillage. Mais Dieu est juste et voit tout : *sa meule moud avec lenteur, mais terriblement menu*[1]. »

Les quelques lignes que ce soldat, croyant ne parler qu'à lui seul et à Dieu, traça ce jour-là sur son humble carnet, s'égalent au mandement de l'archevêque de Malines : depuis le début de la guerre, il ne fut rien écrit de plus véridique et de plus religieux. Si nos soldats, qui furent les témoins de tant de forfaits, pouvaient tous connaître cette réflexion d'un ennemi digne d'eux, elle leur serait un antidote de plus contre la hideuse tentation des représailles. Elle contribuerait à les renforcer dans la persuasion où ils sont que, s'il est beau de vaincre, la victoire ne vaut pas d'être remportée, non plus que la vie elle-même ne vaut d'être vécue, au prix de l'honneur.

1. « 15. X. 1914. — Es hiess zuerst, dass wir ins Quartier nach Billy kommen sollten, wo die ganze Civilbevölkerung bereits vertrieben und das Mobiliär teils genommen, teils unbrauchbar gemacht worden ist. Diese Art Kriegführung ist direkt barbarisch. Ich wundere mich, wie wir über das Verhalten der Russen schimpfen können ; wir hausen ja in Frankreich weit schlimmer, und bei jeder Gelegenheit wird unter irgend einem Vorwande gebrannt und geplündert. Aber Gott ist gerecht und sieht alles : « seine Mühlen mahlen langsam, aber schrecklich klein. »

Fig. V.

Chacun peut apprécier maintenant la thèse justificative présentée par la presse officieuse allemande. Il en subsiste à mon passif une erreur de traduction que j'ai reconnue (*Granaten* rendu à tort par « grenades incendiaires »), — et c'est tout. Pour le reste, le débat se réduit à des contestations, la plupart vaines, sur le sens de cinq ou six lignes plus ou moins obscures, qu'on peut interpréter, si l'on veut, comme le demande la presse allemande, sans que l'horreur du contexte soit par là diminuée. La manœuvre visait à troubler ceux de mes lecteurs qui ignorent l'allemand : ils savent désormais ce qu'elle vaut. Ils savent que les textes publiés dans mes deux brochures défient toute contestation et toute discussion loyales. Ils savent que c'est à des soldats allemands, rien qu'à des soldats allemands, que j'ai demandé l'aveu, énoncé souvent avec cynisme, parfois non sans révolte et sans dégoût, de quelques-uns des crimes des armées allemandes, — et que ce sont des crimes, commis presque tous en service commandé, contre les femmes, contre les enfants, contre les civils sans défense, contre les vieillards, contre les prisonniers, contre les blessés.

« Mais Dieu est juste et voit tout; sa meule moud avec lenteur, mais terriblement menu. »

Imp. de Vaugirard, H.-L. MOTTI, dir., 12-13. Impasse Ronsin. Paris.

www.ingramcontent.com/pod-product-compliance
Ingram Content Group UK Ltd.
Pitfield, Milton Keynes, MK11 3LW, UK
UKHW020353250726
13967UKWH00005B/2253